# BEI GRIN MACHT SICH IHR WISSEN BEZAHLT

Ernst Probst

# Die Rhône-Kultur in der Westschweiz

## Eine Kultur der Bronzezeit von etwa 2200 bis 1600 v. Chr.

GRIN Verlag

**Bibliografische Information der Deutschen Nationalbibliothek:**

Die Deutsche Bibliothek verzeichnet diese Publikation in der Deutschen National-
bibliografie; detaillierte bibliografische Daten sind im Internet über http://dnb.d-
nb.de/ abrufbar.

**Impressum:**

Copyright © 2011 GRIN Verlag GmbH
Druck und Bindung: Books on Demand GmbH, Norderstedt Germany
ISBN: 978-3-656-05476-4

**Dieses Buch bei GRIN:**

http://www.grin.com/de/e-book/182074/die-rhone-kultur-in-der-westschweiz

**GRIN - Your knowledge has value**

Der GRIN Verlag publiziert seit 1998 wissenschaftliche Arbeiten von Studenten, Hochschullehrern und anderen Akademikern als eBook und gedrucktes Buch. Die Verlagswebsite www.grin.com ist die ideale Plattform zur Veröffentlichung von Hausarbeiten, Abschlussarbeiten, wissenschaftlichen Aufsätzen, Dissertationen und Fachbüchern.

**Besuchen Sie uns im Internet:**

http://www.grin.com/

http://www.facebook.com/grincom

http://www.twitter.com/grin_com

*Krieger aus der Frühbronzezeit in der Westschweiz.*
*Ausschnitt aus einer Zeichnung*
*von Friederike Hilscher-Ehlert, Königswinter,*
*für das Buch »Deutschland in der Bronzezeit« (1996)*
*von Ernst Probst*

Ernst Probst

# Die Rhône-Kultur
# in der Westschweiz

Eine Kultur der Bronzezeit
von etwa 2200 bis 1600 v. Chr.

# Widmung

Dr. Gretel Gallay,
Dr. Albert Hafner und
Dr. Jürg Rageth
gewidmet,
die mich bei meinem Buch
 »Deutschland in der Bronzezeit« (1996)
unterstützt haben,
sowie der wissenschaftlichen Graphikerin
Friederike Hilscher-Ehlert

# Inhalt

*Der dänische Archäologe*
*Christian Jürgensen Thomsen (1788–1865)*
*hat 1836 die Urgeschichte*
*nach dem jeweils am meisten verwendetem Rohstoff*
*in drei Perioden eingeteilt:*
*Steinzeit, Bronzezeit und Eisenzeit.*

# *Vorwort*

Eine Kultur der Bronzezeit, die von etwa 2200 bis 1600 v. Chr. in der Westschweiz und in Ostfrankreich existierte, steht im Mittelpunkt des Taschenbuches »Die Rhône-Kultur in der Westschweiz«. Geschildert werden die Siedlungen, die Kleidung, der Schmuck, die Keramik, die Werkzeuge, die Waffen, die Haustiere, das Verkehrswesen, der Handel und die Religion der damaligen Ackerbauern, Viehzüchter und Bronzegießer.

Verfasser dieses Taschenbuches ist der Wiesbadener Wissenschaftsautor Ernst Probst. Er hat sich vor allem durch seine Werke »Deutschland in der Urzeit« (1986), »Deutschland in der Steinzeit« (1991) und »Deutschland in der Bronzezeit« (1996) einen Namen gemacht.

Das Taschenbuch »Die Rhône-Kultur in der Westschweiz« ist Dr. Gretel Gallay (heute Callesen), Dr. Albert Hafner und Dr. Jürg Rageth gewidmet, die den Autor mit Rat und Tat unterstützt haben. Es enthält Lebensbilder der wissenschaftlichen Graphikerin Friederike Hilscher-Ehlert aus Königswinter.

# Die Frühbronzezeit in der Schweiz

## Abfolge und Verbreitung der Kulturen und Gruppen

Die Frühbronzezeit dauerte in der Schweiz etwa von 2300 bis 1600 v. Chr. Ihr erster Abschnitt, in dem noch weitgehend gehämmerte Metallobjekte hergestellt wurden, wird als ältere Frühbronzezeit bezeichnet. Der zweite Abschnitt dagegen, in dem man bereits massive Bronzeobjekte goss, heißt entwickelte Frühbronzezeit. In der Westschweiz existierte von zirka 2200 bis 1600 v. Chr. die Rhône-Kultur (s. S. 19). Ihre ältere Phase von ungefähr 2200 bis 1800 v. Chr. ist bisher nur durch Grabfunde im Unterwallis und in der Region des Thuner Sees im Berner Oberland belegt. Während der jüngeren Phase von etwa 1800 bis 1600 v. Chr. existierten die westschweizerische Aare-Rhône-Gruppe und die ostfranzösische Saône-Jura-Gruppe.[1]

Die Funde aus der Zeit zwischen etwa 1800 und 1600 v. Chr. im nordostschweizerischen Mittelland werden der Arbon-Kultur zugerechnet. Nach der Altersdatierung von Hölzern aus Seeufersiedlungen im nordostschweizerischen Mittelland zu schließen, sind diese Dörfer erst in der ausklingenden Frühbronzezeit errichtet und bewohnt worden.

13

*Zeichnung auf Seite 15:*

*Rekonstruktion einer Seeufersiedlung*
*der Arbon-Kultur (etwa 1800 bis 1600 v. Chr.)*
*von Zürich-Mozartstraße*
*Ob dieses Dorf am Zürichsee*
*mit zehn Häusern in drei Reihen*
*tatsächlich von einer Palisade geschützt wurde,*
*gilt als nicht gesichert.*
*Zeichnung von Friederike Hilscher-Ehlert, Königswinter,*
*für das Buch »Deutschland in der Bronzezeit« (1996)*
*von Ernst Probst*

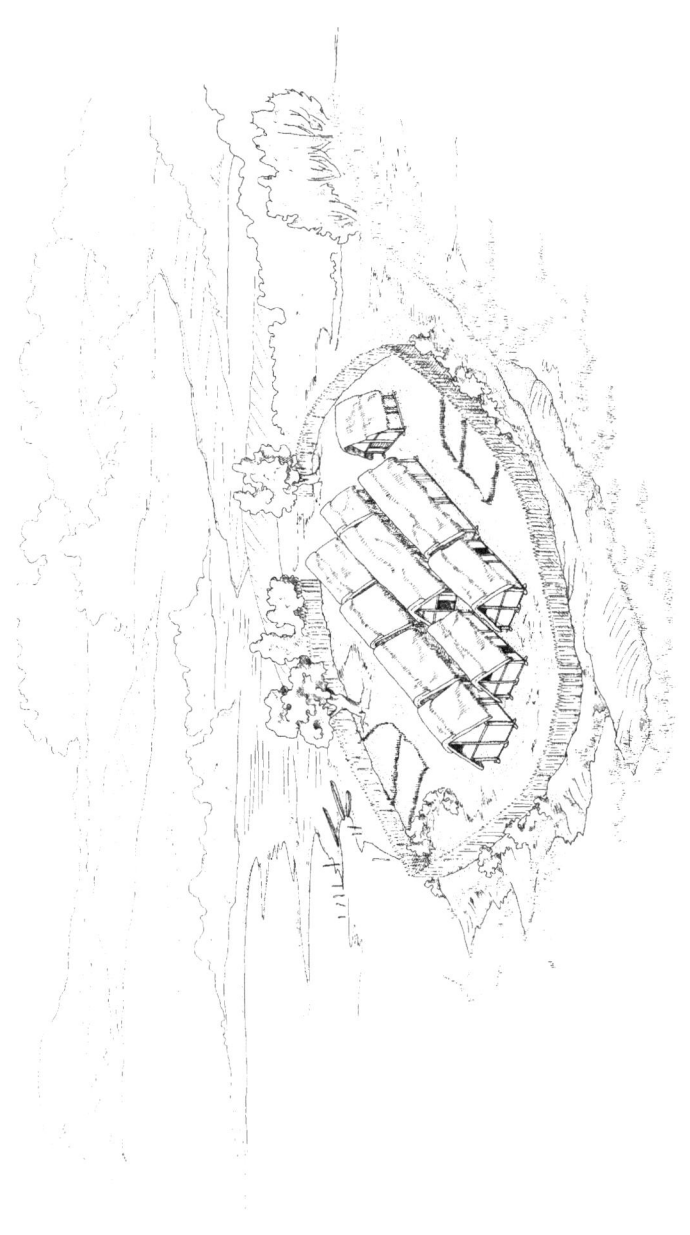

Von den Relikten der Rhône-Kultur und der Arbon-Kultur unterscheiden sich die frühbronzezeitlichen Funde in weiten Teilen des Kantons Graubünden ganz deutlich. Deshalb spricht man dort von der Inneralpinen Bronzezeit-Kultur in der Frühbronzezeit (etwa 2300 bis 1600 v. Chr.). Diese Eigenständigkeit setzte sich auch in der Mittelbronzezeit und teilweise noch in der Spätbronzezeit fort.

Bisher sind aus der ganzen Schweiz etwa hundert frühbronzezeitliche Siedlungsplätze nachgewiesen. Gräber kennt man vor allem aus den Kantonen Wallis und Bern.

*GEORG KRAFT,*
*geboren am 11. März 1894 in Bad Neuenahr,*
*gestorben bei einem Bombenangriff*
*am 27. November 1944 in Freiburg/Breisgau.*
*Er studierte in Tübingen*
*und promovierte 1922 in Freiburg/Breisgau.*
*1926 erfolgte seine Habilitation*
*in Freiburg/Breisgau,*
*wo er das Museum für Urgeschichte*
*der Universität betreute und ausbaute.*
*Ab 1926 war er staatlicher Denkmalpfleger*
*für Südbaden.*
*Auf Kraft geht der Begriff*
*Rhône-Kultur zurück.*

# Die geheimnisvolle Totenstätte

## Die Rhône-Kultur

Der Zufall bescherte 1961 der Archäologie im Kanton Wallis eine Sternstunde: Damals stießen Arbeiter beim Bau einer Wasserleitung in der Avenue du Petit Chasseur von Sitten (Sion) auf eine rätselhafte Totenstätte mit imposanten Großsteingräbern und verzierten Statuenmenhiren. Bei den Ausgrabungen, die von 1961 bis 1972 andauerten, stellte sich heraus, dass an dieser Stelle mehr als 1000 Jahre lang die Menschen verschiedener Kulturen ihre Toten zu Grabe getragen hatten.

Zu den prächtigsten Entdeckungen in dieser Totenstätte gehören die Hinterlassenschaften der jungsteinzeitlichen Glockenbecher-Kultur, die in manchen Gebieten Europas von etwa 2500 bis 2200 v. Chr. existierte. Diese Kultur verdankt den typischen glockenähnlichen Tongefäßen ihren Namen.

Von ebendiesen Glockenbecher-Leuten stammen die Menschen der frühbronzezeitlichen Rhône-Kultur ab, die von etwa 2200 bis 1600 v. Chr. in der Westschweiz und in Ostfrankreich angesiedelt war. In der Totenstätte von Sitten-Petit Chasseur folgen die Bestattungen dieser beiden Kulturen aus unterschiedlichen Zeitaltern der Urgeschichte, nämlich der Stein- und der Bronzezeit, unmittelbar aufeinander.

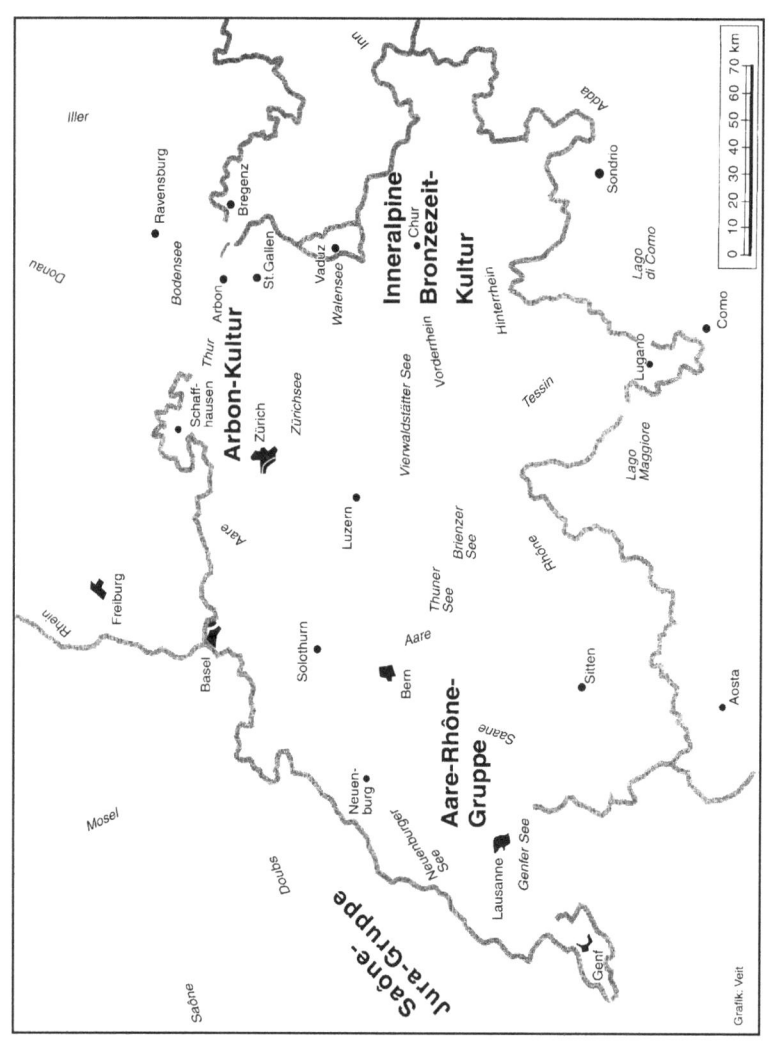

*Verbreitung der Kulturen und Gruppen während der jüngeren Frühbronzezeit (etwa 1800 bis 1600 v. Chr.) in der Schweiz*

20

Den Begriff »Rhône-Kultur« hat 1948 der am Schweizerischen Landesmuseum, Zürich, arbeitende Prähistoriker Emil Vogt (1906–1974) geprägt, ihn damals jedoch dem in Freiburg/Breisgau tätigen deutschen Prähistoriker Georg Kraft (1894–1944) zugeschrieben, der ursprünglich den Namen Walliser Kultur[1] benutzte. Andere Prähistoriker dagegen sprachen von der Civilisation rhodanienne[2] oder von der Alpinen Gruppe[3].

Der damals in Freiburg/Breisgau wirkende Prähistoriker Albert Hafner gelangte in den 1990-er Jahren nach Untersuchungen und dem Vergleich von Funden aus der Schweiz, Frankreich und Deutschland zu neuen Erkenntnissen über die Rhône-Kultur. Er unterteilte sie 1995 in eine ältere Phase von etwa 2200 bis 1800 v. Chr. und in eine entwickelte Phase von ungefähr 1800 bis 1600 v. Chr.

Die ältere Rhône-Kultur ist aus der erwähnten Glockenbecher-Kultur entstanden. Als charakteristisch für erstere gilt eine einfache Metallurgie, die Experimentierphase genannt wird und meistens gehämmerte Objekte erzeugte. Bisher hat man die ältere Rhône-Kultur nur anhand von Grabfunden aus dem Thuner-See-Gebiet im Berner Oberland (Thun-Wiler, Thun-Renzenbühl) und dem Wallis (Sitten-Petit Chasseur I) archäologisch nachweisen können.

Der in Bern geborene Prähistoriker Christian Strahm, der später an der Albert-Ludwigs-Universität Freiburg/Breisgau in Süddeutschland lehrte, hat 1995 nach den Funden aus der Thuner Gegend die Thuner Gruppe

benannt. Letztere Gruppe der älteren Frühbronzezeit betrachtet er als Übergangsform zur Rhône-Kultur.
Aus der älteren Rhône-Kultur ging die entwickelte
Rhône-Kultur hervor, für die eine komplexe Bronze-
metallurgie und massive gegossene Bronzeobjekte
typisch sind. Letztere Phase wurde 1995 von Albert
Hafner in eine westschweizerische Aare-Rhône-Gruppe
und in eine ostfranzösische Saône-Jura-Gruppe geteilt.
Er definierte die Aare-Rhône-Gruppe durch einen
einheitlichen Bestattungsritus sowie durch Keramik- und
Bronzeinventare.

Die Aare-Rhône-Gruppe war in der Umgebung des
unteren Thuner Sees im Berner Oberland, im westlichen Mittelland zwischen Aare und Genfer See, im
Chablais und im Unterwallis verbreitet. In den Seeufersiedlungen am Bieler See, Neuenburger See und
Murtensee wurden die östlichsten Elemente der westschweizerischen Frühbronzezeit gefunden.

Die ostfranzösische Saône-Jura-Gruppe war in Bur-
gund und im französischen Jura heimisch. Dort gab es
einen ähnlichen Keramikstil und gleiche Bronzeobjekte
wie bei der westschweizerischen Aare-Rhône-Gruppe.
Sowohl in Ostfrankreich als auch in der Westschweiz
bettete man die Toten in gestreckter Rückenlage zur
letzten Ruhe. In Ostfrankreich waren jedoch Grabhügel
üblich, während in der Westschweiz Flachgräber angelegt
wurden.

Vereinzelte besonders reich ausgestattete Gräber und
das Aufkommen von Prestigeobjekten aus dem Bereich
der in Tschechien, der Slowakei, in Mitteldeutschland

und in Niederösterreich nördlich der Donau verbreiteten Aunjetitzer Kultur legen die Entstehung einer sozialen Oberschicht in der Aare-Rhône-Gruppe nahe. Deren Reichtum beruhte vermutlich auf der Kontrolle und Koordinierung der heimischen Erzlagerstätten und der Produktion von Metallobjekten.

Die Bestattung eines Kriegers in der Totenstätte von Sitten-Petit Chasseur I lieferte Anhaltspunkte für die damalige Kleidung, weil bronzene Schmuckstücke teilweise noch zusammen mit Textilresten geborgen werden konnten. Der Genfer Prähistoriker Alain Gallay hat die Trageweise der Garderobe, des Schmucks und der Waffen dieser Bestattung beschrieben. Er war einer der Ausgräber nach dem Tod des Lehrers und Prähistorikers Olivier-Jean Bocksberger (1925–1970) aus Sitten, der die Totenstätte als erster von 1961 bis 1969 untersucht hatte.

Der Krieger aus dem Grab 3 von Sitten-Petit Chasseur trug ein großes viereckiges Stoffgewand auf dem Leib. Es war unter die Achselhöhlen gewickelt und wurde von einem Lederriemen, der die beiden oberen Tuchenden auf dem Rücken verband, zusammengehalten. Darüber lag ein Mantel, der über die Schultern gehängt wurde.

Zur Befestigung des Mantels auf dem Stoffgewand und als Schmuck dienten zwei Bronzenadeln mit aufgerolltem Kopf. Die beiden Nadeln steckten auf der linken und rechten Brustseite. Die linke Nadel wies mit dem Kopf nach oben und mit der Spitze nach unten, bei der rechten war es umgekehrt. Auf den

*Zeichnung auf Seite 25:*

*Bestattung eines bewaffneten und geschmückten Kriegers*
*in der Totenstätte von Sitten-Petit Chasseur im Kanton Wallis.*
*Er trägt einen nach oben spitz zulaufenden Hut,*
*wie er durch einen gleichaltrigen Fund*
*in Norditalien nachgewiesen ist.*
*Zeichnung von Friederike Hilscher-Ehlert, Königswinter,*
*für das Buch »Deutschland in der Bronzezeit« (1996)*
*von Ernst Probst*

Rand des Mantels waren fünf Bronzeblechröhren genäht.

Um den Hals trug der tote Krieger drei Ketten mit Anhängern aus verschiedenen Materialien. An der ersten Kette hing eine kleine walzenförmige Perle aus Bernstein, an der zweiten ein durchbohrter Bärenzahn. An der dritten Kette prangten sechs mit Ringen verzierte Bronzeblechanhänger und drei Röllchen aus Bronzedraht zwischen den mittleren vier Anhängern.

Bewaffnet war der Krieger mit einem Randleistenbeil und zwei Dolchen aus Bronze. Die 24,6 Zentimeter lange, löffelförmige Klinge des Beils lag quer unter dem Kopf des Toten. Der hölzerne Schaft dieser Prunkwaffe ist vermodert. Er hatte vermutlich am Ende eine Gabelung, in der die Klinge befestigt wurde. Die beiden Bronzedolche befanden sich unter den Rippen des Mannes und zwar in einer solchen Höhe, dass sie nicht am Gürtel getragen worden sein können.

Auf einer Zeichnung des Künstlers Serge Aeschlimann, die 1986 in der Publikation »Das Wallis vor der Geschichte« veröffentlicht wurde, trägt der Krieger von Sitten-Petit Chasseur auch einen geflochtenen, nach oben spitz zulaufenden Hut. Zwar ist eine solche Kopfbedeckung im Grab 3 nicht archäologisch belegt, aber durch einen gleichaltrigen Fund in Norditalien nachgewiesen.

Weitere Hinweise auf die Kleidung jener Zeit liegen aus dem Grab 1 von Thun-Renzenbühl im Kanton Bern vor. Dort kamen ein 9,8 Zentimeter langer, bronzener Gürtelhaken und ein 16,6 Zentimeter langes Kopfband zum Vorschein. Bei letzterem handelte es sich um die metallene Versteifung beziehungsweise Zier einer Kopfhaube.

Siedlungen der älteren Rhône-Kultur konnten bisher weder in den inneralpinen Tälern noch im westlichen Mittelland ausfindig gemacht werden. Vermutlich befanden sich etliche der Gräber aus jener Phase in der Nachbarschaft von damaligen Dörfern. Die inneralpine Lage der Gräber kann vielleicht mit der Suche nach Kupfererz erklärt werden. Nächstgelegener zeitgleicher Fundpunkt war am westlichen Bodensee das Gräberfeld von Singen am Hohentwiel (Kreis Konstanz) in Süddeutschland.

Aus der Zeit der Aare-Rhône-Gruppe kennt man zahlreiche Siedlungen am Bieler See, Neuenburger See und Genfer See. Häufig verkörpern Keramikfragmente und Bronzeobjekte die einzigen Reste eines ehemaligen Dorfes, während Hausgrundrisse fehlen. Auch abseits der Seen wurden vereinzelte Siedlungsrelikte aus dem westlichen Mittelland und aus dem Unterwallis geborgen. Dagegen ist im Berner Oberland noch nichts dergleichen aufgetaucht.

Als berühmteste Seeufersiedlung der Aare-Rhône-Gruppe gilt die »Station les Roseaux« von Morges[4] am Genfer See im Kanton Waadt. Sie wurde 1854 entdeckt, zunächst als »la Grande Cité« und Ende der 1850-er Jahre nach einem nahe gelegenen Schilffeld als »Station les Roseaux« bezeichnet. Der französische Prähistoriker Gabriel de Mortillet (1821–1898) aus Saint-Germain hat 1875 den ersten Abschnitt der Bronzezeit nach diesem

Scène à Morges le 24 Aout 1854
découverte des palafittes à Morges par A. Morlot le 22 mai 1854.

*Tauchgrabung des Berner Geologen und Archäologen*
*Karl Adolph von Morlot (1820–1867)*
*am 24. August 1854*
*bei der Ufersiedlung von Morges am Genfer See*
*auf einer von Morlot*
*erstellten kolorierten Bleistiftzeichnung.*

Fundort »Epoque morgienne« genannt. Bei den dort geborgenen Siedlungsresten handelt es sich vor allem um Keramik und bronzene Beilklingen.

Das Ufer des Bieler Sees im Kanton Bern wurde in der ausgehenden Frühbronzezeit von Dörfern gesäumt. Nach Keramikresten und Bronzeerzeugnissen zu schließen, existierten frühbronzezeitliche Seeufersiedlungen in der Gegend von Nidau, Sutz-Lattrigen, Mörigen, Täuffelen, Lüscherz und Vinelz. Auf der Sankt-Peters-Insel wurden eine tönerne Tasse und ein bronzener Dolch aus der Frühbronzezeit gefunden.

Von ehemaligen Höhensiedlungen im Kanton Wallis zeugen Gruben, Steinplattenböden, Pfostenlöcher, Keramikreste und Gräber. Siedlungsgruben kamen auf dem Hügel Heidnischbühl am rechten Ufer der Rhône bei Raron[5] zum Vorschein. Die beiden Steinplattenlagen von Sembrancher (Crettaz-Polet[6]) und Saint Léonard (Sur-le-Grand-Pré)[7] dienten als Untergrund für die Bretterböden von Behausungen. Der Steinplattenbelag auf dem Hügel Crettaz-Polet von Sembrancher war etwa vier Meter breit, seine genaue Länge ist unbekannt. Des weiteren stieß man in Sembrancher auf Pfostenlöcher von Behausungen. In Saint Léonard wurden außer dem Steinplattenboden auch eine Feuerstelle aus Steinplatten und Reste von Flechtwerk entdeckt.

Keramikreste hat man auf dem Hügel von Lessus bei Saint Triphon und auf dem Crettaz-Polet von Sembrancher geborgen. Zu Dauersiedlungen in Höhenlage dürften die Friedhöfe von Ayent-les Places und auf der Hochebene von Savièse gehört haben. Dass auch

Höhlen zeitweise aufgesucht wurden, verraten Keramikreste in einer Grotte von Lalden im Kanton Wallis. Auf Ackerbau weisen Pflugspuren in frühbronzezeitlichen Schichten von Sitten-Petit Chasseur hin. Sie gelten aber aber nicht als die ältesten Pflugspuren der Schweiz, da solche bereits aus der Jungsteinzeit in den Kantonen Wallis (Heidnischbühl bei Raron) und Graubünden (Chur-Welschdörfli) bekannt sind.

Archäozoologische Untersuchungen in der Seeufersiedlung Morges (»Station les Roseaux«) und in mehreren großen Tongefäßen im Großsteingrab von Sitten-Petit Chasseur (Dolmen MXI) ergaben, dass in der Frühbronzezeit Schafe, Rinder und Schweine als Haustiere gehalten wurden. Die beliebtesten Haustiere in der Westschweiz waren damals meistens die Rinder, im Wallis dagegen die Schafe.

Nach Angaben des Genfer Archäozoologen Louis Chaix hatten die Schafe im Wallis eine Widerristhöhe von etwa 60 Zentimetern. Äußerlich ähnelten sie der 1960 ausgestorbenen Rasse des Disentis-Schafs aus dem Kanton Graubünden. Bis zur Frühbronzezeit trugen die Schafböcke starke und die Schafe zierliche Hörner, danach kamen erstmals Schafe ohne Hörner vor. Ab der Frühbronzezeit setzte die Nutzung der Schafwolle ein.

Die Rinder im Wallis erreichten laut Louis Chaix eine Widerristhöhe von etwa 1,25 Metern. Sie hatten einen kurzen und breiten Schädel und kleine Hörner. Die Knochen ihres Skeletts sind zierlich und die Glieder wenig entwickelt.

Auf Fischfang deuten bronzene Angelhaken von Lüscherz-Fluhstation (Kanton Bern) hin. Der als Anhänger getragene Bärenzahn von Sitten-Petit Chasseur und ein Hirschknochen aus der Seeufersiedlung Morges (»Station les Roseaux«) sind Indizien für Jagdaktivitäten. Zum Formenschatz der Keramik gehören Knickwandtassen, Kalottenschalen, Näpfe und leistenverzierte Töpfe. Mit Ausnahme der rund- und spitzbödigen Tassen haben alle anderen Gefäßformen flache Böden. Die eingetieften Verzierungen variieren von Rillen und Kerben über geritzte Dreiecke bis hin zu einfachen Punktstempeln. An plastischen Verzierungen schuf man verschiedene Knubbenformen, Grifflappen und Fingertupfenleisten.

In und neben Gräbern von Sitten-Petit Chasseur kamen mehrere Töpfe zum Vorschein, die als Opfergaben gedient haben. Der größte davon ist 52 Zentimeter hoch, hat einen Mündungsdurchmesser von 30,9 Zentimetern, ist rundum mit elf quer verlaufenden Leisten verziert und in Höhe der viertobersten Leiste mit vier leicht nach unten geneigte Grifflappen versehen.

Kupferhaltiger Quarz von Saint Triphon im Wallis, der auf mehr als 1650 Grad erhitzt wurde, belegt den Abbau und die Verarbeitung von Erz. Außer im Wallis wurden vermutlich auch im Berner Oberland schon Kupfererzvorkommen ausgebeutet. Das zur Herstellung von Bronze nötige Zinn mußte wohl auf dem Tauschweg beschafft werden. Denkbar wären Importe aus der Toskana, Südengland (Cornwall, Devon), der Bretagne,

Nordportugal, Spanien (Galizien), Mitteldeutschland, Tschechien oder Osteuropa.

Die Aare-Rhône-Gruppe pflegte offenbar enge Beziehungen zur Aunjetitzer Kultur, die in Tschechien, der Slowakei, in Mitteldeutschland sowie in Niederösterreich nördlich der Donau verbreitet war und damals auf technologischem und wirtschaftlichem Gebiet eine Führungsposition innehatte. Die Aare-Rhône-Gruppe bezog von der Aunjetitzer Kultur vermutlich nicht nur Zinn, sondern übernahm auch deren Ideen und Techniken der Metallurgie und entwickelte diese weiter.

Aufgrund der Kontakte mit der Aunjetitzer Formenwelt könnte – so vermutet Albert Hafner – ein lokales bronzemetallurgisches Zentrum in der Westschweiz entstanden sein. Dessen Erzeugnisse wurden in der Westschweiz und entlang der Rhône in Richtung Südwesten bis nach Südfrankreich abgesetzt. Auf diese Weise gelangten neue Produkte und Ideen nach Südfrankreich.

Die meisten Typen und Formen der Bronzeobjekte dürften selbst angefertigt worden sein. Als typische lokale Bronzeerzeugnisse gelten verschiedene trianguläre Dolche, löffelartige Randleistenbeile und solche mit kreisförmigem Blatt.

Charakteristische Nadelformen waren Rauten- und Flügelnadeln. Weitere kennzeichnende Bronzeobjekte sind Ösenhalsringe und verzierte Kopfbänder.

Vollgriffdolche sowie Ösenkopfkopfnadeln wurden nach Vorbildern der erwähnten Aunjetitzer Kultur hergestellt. Komplizierte Stabdolche, Doppeläxte, Nackenknaufäxte und Schaftlochäxte der Aunjetitzer Kultur dagegen stießen in der Westschweiz kaum auf Interesse. Das Aufgreifen bestimmter Aunjetitzer Formen und ihre eigenständige Gestaltung könnte nach Ansicht von Albert Hafner auf die Wünsche einer gehobenen sozialen Schicht in der Westschweiz zurückgehen, die sich am Vorbild der Aunjetitzer Kultur orientierte.

Auffälligerweise sind vor allem Prestigewaffen, wie Vollgriffdolche und löffelförmige Randleistenbeile, getauscht worden. Westschweizerische Vollgriffdolche vom Rhône-Typ oder Alpinen Typ und löffelförmige Randleistenbeile wurden im Aunjetitzer Verbreitungsgebiet gefunden. Vollgriffdolche vom Alpinen Typ kennt man auch aus Norditalien. Das Depot von Kläden nahe bei Stendal in Mitteldeutschland enthielt unter anderem westschweizerische Randleistenbeile.

Ein 19,1 Zentimeter langer Dolch von Conthey im Wallis besteht aus vier Teilen: der Klinge, der Griffplatte, dem Griffdorn und dem Griffknauf. Die Teile sind mit Nieten verbunden. Der eigentliche Griff bestand ursprünglich aus organischem Material, das nicht erhalten blieb. Die Klinge dieses Dolches ist mit einem Kreuzmotiv und hängenden Dreiecken verziert.

Nach den 16 Randleistenbeilen aus der Seeufersiedlung Morges (»Station les Roseaux«) wurden die Beile vom Typ Roseaux benannt. Es handelt es sich um bronzene Beilklingen von 8,7 bis 15,5 Zentimeter Länge mit spachtelförmiger Schneide und wenig ausgeprägten

*Foto auf Seite 35:*

*Vor 1896 entdeckter Vollgriffdolch*
*mit verzierter Klinge*
*aus Conthey im Kanton Wallis.*
*Der eigentliche Griff*
*bestand vermutlich aus organischem Material.*
*Länge 19,1 Zentimeter.*
*Original im Kantonalen Museum*
*für Archäologie, Sitten.*

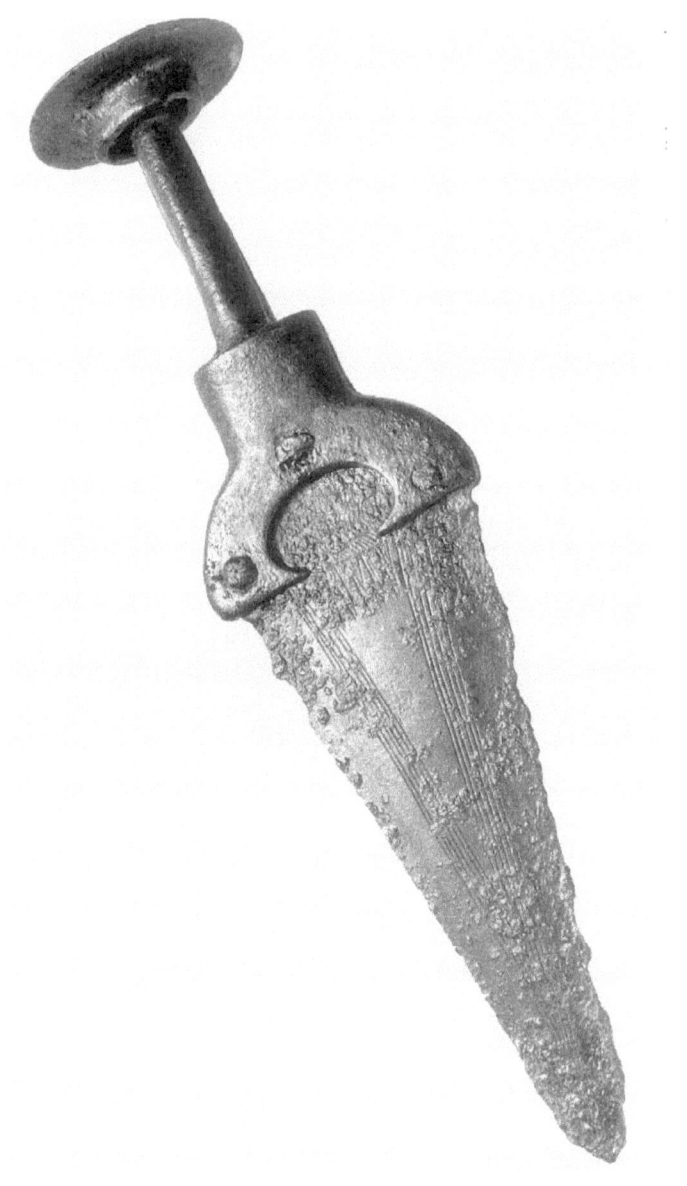

35

Kanten. Sie werden chronotypologisch der Frühbronzezeit zugeordnet.

Die trapezförmigen Randleistenbeile des Typs Neyruz (Neyruz-Beile) haben ihre Bezeichnung nach dem Fundort Neyruz[8] im Kanton Waadt erhalten. Ihre Klinge ist flach und ohne Nackenausschnitt.

Ein weiterer berühmter Fundort ist Sigriswil-Ringoldswil[9] im Kanton Bern. Dort wurden elf bronzene Randleistenbeile, die Rohform eines Randleistenbeils, zwei Vollgriffdolche und zwei Lanzenspitzen geborgen. Dieser Fund gilt als eines der bedeutendsten frühbronzezeitlichen Depots der Schweiz.

Eine besonders kostbare Beilklinge lag zusammen mit einem Dolch im Grab eines vermutlich bedeutenden Mannes von Thun-Renzenbühl[10] (Kanton Bern). In eine der beiden Flachseiten der etwa 24 Zentimeter langen Beilklinge ist ein Kupferband eingelassen, das man mit viereckigen Nägeln aus hellem, stark silberhaltigem Gold verziert hat.

Die merkwürdigen Stabdolche mit langem Stab aus Holz oder Metall und daran befestigter metallener Dolchklinge eigneten sich kaum als Angriffs- oder Verteidigungswaffe. Deswegen werden sie als Würdezeichen oder Zeremonialgeräte gedeutet. In der alten Zihl zwischen Brügg und Orpund im Kanton Bern wurde die 12,5 Zentimeter lange und 4,2 Zentimeter breite Klinge eines Stabdolches gefunden. Sie ist auf der Rückseite gezähnt.

Dass damals aber beileibe nicht alle Geräte aus kostbarem Metall angefertigt wurden, verraten Schaber aus

Feuerstein und Bergkristalle unter den Siedlungsresten von Sembrancher (Crettaz-Polet) im Wallis. Möglicherweise benutzte man zudem verschiedene Knochenwerkzeuge und Hammerköpfe aus Hirschgeweih, wie sie in Collombey-Muraz zum Vorschein kamen. Allerdings können letztere Funde ebensogut aus der Jungsteinzeit stammen wie aus der Frühbronzezeit.

Schneckengehäuse und Muschelschalen vom Mittelmeer sowie Bernstein von der Ostsee im Verbreitungsgebiet der Aare-Rhône-Gruppe gelten als »Importartikel«. Auch das Zinn kam – wie erwähnt – von weit her. Auf Tauschgeschäfte über große Entfernungen hinweg lassen Beile vom Typ Neyruz schließen, die außerhalb der Westschweiz gefunden wurden. Zwei Neyruzer Beile sind bis in das Gebiet der heutigen nordhessischen Stadt Kassel in Deutschland gelangt. In der Westschweiz produzierte und Aunjetitzer Formen nachempfundene Bronzeobjekte wurden in Südfrankreich gefunden.

Ein Wasserfahrzeug aus der späten Frühbronzezeit wurde im Herbst 1991 im Bieler See bei Erlach-Heidenweg entdeckt und im März 1992 von der Taucherequipe des Archäologischen Dienstes des Kantons Bern und mit Hilfe der Seepolizei geborgen. Bei dem Fund handelt es sich um einen 7,85 Meter langen und maximal 95 Zentimeter breiten Einbaum aus einem mehr als 200 Jahre alten Eichenstamm. Der Einbaum war im Bodenbereich erst teilweise fertig und trug Bearbeitungsspuren von Bronzeäxten. Er hatte hinter dem Heckbrett beidseitig eine Öse, die vielleicht das

Vertäuen erleichterte. Vom Bieler See sind über zehn weitere Einbäume aus Eichen- oder Pappelholz bekannt, doch diese Altfunde können nur zum Teil genauer datiert werden.

Bereits damals wurden mancherlei Tauschwaren über hochgelegene alpine Pässe transportiert. Vielleicht spielten beim Handel mit Zinn die Pässe nach Italien oder nach dem Greyerzerland eine wichtige strategische Rolle. Als Übergänge, die sowohl das Greyerzerland als auch das Berner Oberland mit dem Rhônetal verbanden, dienten wohl die Pässe Col des Mosses, Col du Pillon und Col du Sanetsch.

Womöglich haben Händler und Reisende vor oder nach geglückter Alpenüberquerung ihren Göttern Dankopfer dargebracht, wie der Zürcher Prähistoriker René Wyss vermutet. Um solche Weihegaben könnte es sich bei einer bronzenen Lanzenspitze, einem Randleisten- und einem Schaftlappenbeil handeln, die auf der Hannigalp bei Grächen im Kanton Waadt in etwa 2160 Meter Höhe gefunden wurden.

Die Menschen der Rhône-Kultur schmückten sich anfangs wie die Glockenbecher-Leute vor ihnen mit Anhängern aus Schneckengehäusen und Muschelschalen sowie mit kegelförmigen Knöpfen oder Nadeln aus Knochen. Doch allmählich fanden sie immer stärkeren Gefallen an metallenen Schmuckstücken, wie Haarspangen, Ohrringen, Anhängern, Halskragen, Nadeln und Armreifen.

Allein in einem Frauengrab von Conthey im Wallis lagen eine bronzene Haarspange, zwei Ohrringe aus

Bronzedraht, eine 20 Zentimeter lange bronzene Scheibennadel und ein Armreif aus Bronzeblech. Der hinten offene Armreif ist mit getriebenen Buckeln und eingravierten Dreiecken verziert.

Bronzene Anhänger hat der bereits erwähnte Krieger aus der Totenstätte von Sitten-Petit Chasseur zusammen mit Röllchen aus Bronzedraht an einer Halskette getragen. Andererseits schmückte sich derselbe Mann mit Anhängern aus Bernstein und einem Bärenzahn.

In Bex und Saillon im Kanton Waadt sowie in Siders im Kanton Wallis fand man offene Halskragen aus Bronzeblech von konischer Form. Der Fund aus Siders wurde mit drei senkrechten Buckellinien verziert. Das Feld dazwischen ist mit drei waagrechten Bändern schraffierter Dreiecke in der Mitte und je einem Kreuzmuster am Rand gefüllt.

Interessante Einblicke in die Schmuckmode erlauben Funde in den Gräbern des Wilerhölzli von Thun-Wiler[11] im Kanton Bern. Dort lagen in drei Gräbern aus der älteren Frühbronzezeit durchbohrte Schneckengehäuse der Art *Columbella rustica*, die aus dem Mittelmeer stammen und bereits zur Zeit der Glockenbecher-Kultur eine typische Grabbeigabe waren. Allein im Grab 6 barg man außer einem Knochenknopf mit V-förmiger Durchbohrung insgesamt 700 Schneckengehäuse. Im Grab 7 wurden neben bronzenen Armspiralen drei Schneckengehäuse zutage gefördert. Und im Grab 8 lagerten etwa 800 Schneckengehäuse, die vermutlich zu einer Halskette aufgereiht waren, ovalförmig auf der Brust einer Frau. Zwölf weitere Schneckengehäuse unter dem Schädel werden als Haarnetz oder Kappe mit Schneckenverzierung gedeutet.

Die Toten in drei anderen Gräbern von Thun-Wiler aus der entwickelten Frühbronzezeit trugen bronzene Halsringe (auch Torques genannt). In Grab 1 und 3 fand sich lediglich je ein Halsring, doch Grab 4 ent-hielt zwei Halsringe, zwei Bronzespiralen und einen durchlochten, dreieckigen Bernsteinanhänger.

Die Enden der damaligen bronzenen Nadeln wurden häufig zu flachen Scheibenköpfen in ovaler, rauten-förmiger oder gelappter Form ausgehämmert. Als charakteristisch für die Rhône-Kultur gilt die Flügel-nadel mit jeweils zwei Scheiben zu beiden Seiten des Kopfendes. Man findet sie bis in den Süden Frankreichs hinein. Eine in Leytron im Wallis entdeckte Flügelnadel ist 30,5 Zentimeter lang und hat einen 9,4 Zentimeter breiten Kopf. Die insgesamt vier Scheiben dieser Nadel sind mit je einem zentralen Buckel und um diesen herum mit sechs sternförmig angeordneten, schraffierten Dreiecken verziert.

Als Armschmuck gab es neben Armreifen aus Bron-zeblech auch spiralförmige bronzene Ringe. Der linke Oberarm einer Bestattung im Grab 3 von Collombey-Muraz (Barmaz I) war damit geschmückt.

Mit der Rhône-Kultur werden einige der 1974 von dem Genfer Prähistoriker Sébastien Favre in Saint Léonard (Crête-des-Barmes) im Wallis entdeckten Felszeichnun-gen in Verbindung gebracht. Das gilt vor allem für gepickte Flächen, die Quadrate, Rechtecke und stilisierte

Betende mit erhobenen Armen (so genannte Oranten) zeigen.

Die meisten Gräber der älteren Rhône-Kultur im Thuner-See-Gebiet im Berner Oberland und im Unterwallis wurden bereits im 19. Jahrhundert und zu Beginn des 20. Jahrhunderts aufgespürt. Sie sind noch mit altertümlichen Methoden freigelegt worden und gelten deswegen als schlecht erforscht. Lediglich die Totenstätte von Sitten-Petit Chasseur I hat man mit moderneren Methoden untersucht. Offenbar sind die Toten damals in Hockerstellung – auf der Seite liegend mit zum Körper hin angezogenen Beinen – bestattet worden, wie es in der Glockenbecher-Kultur üblich gewesen ist.

Der entwickelten Rhône-Kultur lassen sich etwa 50 Fundstellen mit Gräbern zuordnen, bei denen es sich überwiegend um kleinere Friedhöfe handelt. Im Unterwallis und im Chablais, zwischen der Rhônemündung in den Genfer See und Siders (Sierre), folgt an den Hängen des Rhônetals ein Gräberfeld dem anderen. Auffällig konzentrieren sich die Grabfunde auch in der unteren Region des Thuner Sees und im oberen Saanetal. Andere Bestattungsplätze liegen in der Umgebung Lausannes und im Kanton Freiburg.

In der Westschweiz und im französischen Jura wurden die männlichen und weiblichen Toten während der entwickelten Frühbronzezeit einheitlich in gestreckter Lage – auf dem Rücken liegend und die Arme längs am Körper – bestattet. In anderen Teilen Europas – von Spanien bis zur Ostseeküste – hat man die Verstorbenen damals je nach Geschlechtszugehörigkeit in geschlechtsunterschiedlicher Hockerlage mit zum Körper hin angezogenen Beinen beerdigt.

Meistens wurde in ein Grab nur ein einziger Toter gelegt. In Saint Martin-Le Jordil im Kanton Freiburg, Spiez-Einingen (Holleeweg) im Kanton Bern und Ecublens im Kanton Waadt hat man zwei Verstorbene mit einander zugewandten Füßen in einem Grab beigesetzt. Früher sind solche Bestattungen irrtümlich als Totenfolge gedeutet worden: Man meinte, einem bedeutenden Toten habe ein von ihm abhängiger Lebender gewaltsam ins Grab folgen müssen. Heute denkt man eher an Krankheiten, Unfälle oder Verbrechen, denen zwei Menschen zur gleichen Zeit erlagen und die daraufhin gemeinsam beerdigt wurden.

Die Bestattungen von Männern und Frauen in der Westschweiz und im französischen Jura unterschieden sich deutlich durch die Beigaben, die man den Toten ins Grab legte. Typisch für Männergräber waren Dolche, Randleistenbeile, Ösenkopf- und Kegelkopfnadeln, für Frauengräber dagegen spiralförmige Ringe und Flügelnadeln. Zur Trachtausstattung beider Geschlechter gehörten Rollenkopfnadeln, Rautennadeln, Ösenhalsringe, Kopfbänder, Spiralröllchen und Blechröhrchen. Kinder wurden vermutlich ohne Beigaben bestattet.

Die wertvollen metallenen Grabbeigaben übten manchmal auf Grabräuber eine magische Anziehungskraft aus. Von ihrem Treiben zeugen Patinareste an den Knochen, die von entwendeten Schmuckstücken herrühren wie in Spiez-Einingen, oder beim Durchwühlen der Gräber völlig vermischte Skelette, beispielsweise in Ecublens.

Wie sich bei den Ausgrabungen in der Totenstätte von Sitten-Petit Chasseur I herausstellte, haben die Angehörigen der älteren Rhône-Kultur ihre Verstorbenen mitunter in Großsteingräbern (Dolmen) bestattet, die schon viele Generationen vorher von Menschen jungsteinzeitlicher Kulturen errichtet wurden. Es gab andernorts in der Westschweiz aber auch neu angelegte Friedhöfe mit Steinplattengräbern oder Gräbern ohne Steineinfassung.

Der Genfer Prähistoriker Alain Gallay, der von 1971 bis 1973 in der Totenstätte von Sitten-Petit Chasseur grub, hat die dortigen frühbronzezeitlichen Bestattungen anschaulich beschrieben. Seiner Darstellung zufolge wurden in der ersten Stufe (Frühbronzezeit I) die letzten steinernen Stelen aufgestellt und vor den Großsteingräbern VI und MXI aus Steinplatten Altäre errichtet. Außerdem sind ältere Gräber systematisch geplündert und geräumt, Grabbeigaben verstreut, menschliche Knochen gesammelt, verbrannt und anschließend deren Reste in Gruben geworfen worden. In einigen Fällen wurde auf Knochenhaufen älterer Gräber ein Feuer entfacht. Dabei handelte es sich um keine eigentlichen Verbrennungen, sondern um einen Reinigungsritus der Gräber, der das Ende der Benutzung der Großsteingräber markiert haben könnte. Eine Frau wurde im Großsteingrab MXI bestattet, einige Kinder hat man in Hockerstellung entweder in den alten

*Zeichnung auf Seite 45:*

*Großsteingrab (Dolmen MVI) mit Menhiren*
*aus der Totenstätte von Sitten-Petit Chasseur im Kanton Wallis*
*zur Zeit der jungsteinzeitlichen Glockenbecher-Kultur*
*(etwa 2500 bis 2200 v. Chr.),*
*die der frühbronzezeitlichen Rhône-Kultur*
*(etwa 2200 bis 1600 v. Chr.) vorausging.*
*Der Dolmen MVI war bereits von Angehörigen*
*der Saône-Rhône-Kultur (etwa 2800 bis 2400 v. Chr.)*
*errichtet worden.*
*Die Angehörigen der frühbronzezeitlichen Rhône-Kultur*
*haben ihre Verstorbenen mitunter in Großsteingräbern bestattet,*
*die vorher von Menschen jungsteinzeitlicher Kulturen*
*errichtet wurden.*
*Zeichnung von Fritz Wendler (1941–1996) für das Buch*
*»Deutschland in der Steinzeit« (1991) von Ernst Probst*

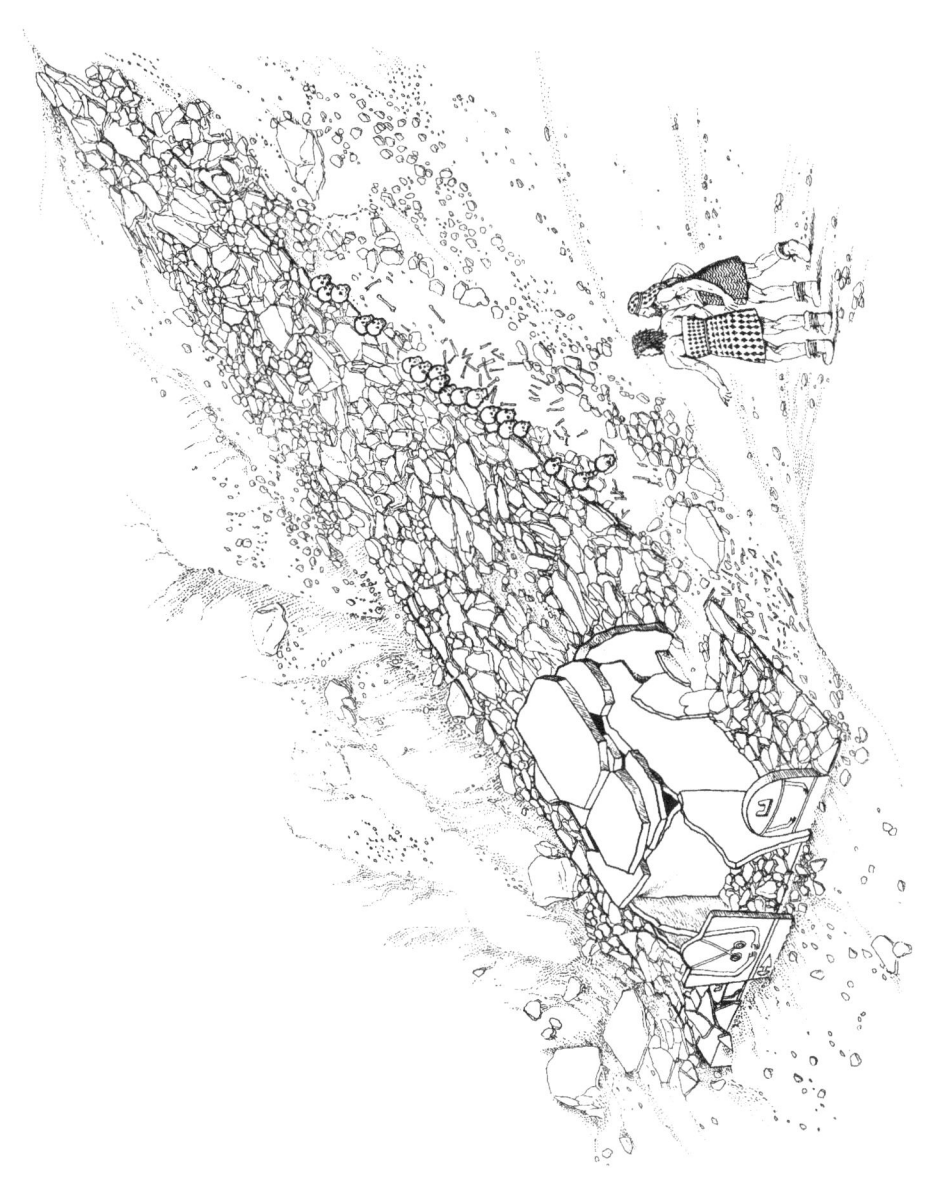

Steinkistengräbern MV oder außerhalb in kleinen hinzugebauten Steinkistengräbern MVI und MXI beerdigt.

Während der Stufen Bronzezeit II und III ist die Totenstätte weiter aufgesucht worden. Sie diente nun aber nicht mehr als Friedhof, sondern nur noch als Kultstätte. Die Großsteingräber verschwanden nun unter großen Steinanhäufungen (Cairns), an deren Rand bis zu 52 Zentimeter große Tongefäße und Opfergaben abgestellt wurden. Das Innere des Großsteingrabes MXI hat man allmählich mit Steinen, Knochenresten von Haustieren und Keramikfragmenten gefüllt.

In der Stufe Frühbronzezeit IV (= entwickelte Frühbronzezeit) wurde in der Totenstätte eine viereckige, aus leichtem Baumaterial konstruierte Hütte errichtet, deren Funktion unklar ist. Gegen Ende der Frühbronzezeit erfolgten vier neue Bestattungen. Dabei wurden ein junger Mann, eine 30- bis 40-jährige Frau, ein 18-jähriger Mann (nämlich der erwähnte Krieger) und ein mindestens drei Jahre altes Kind in gestreckter Körperlage beerdigt. Die meisten Grabbauten aus dieser Zeit sind unter dem Schwemmkegel des Flusses Sionne verschwunden. Damals waren nur noch die obersten Teile der Großsteingräber MVI und MXI sichtbar. Um diese beiden Großsteingräber baute man kleine Cairns. Außerhalb des Großsteingrabs MVI wurden einige Tongefäße abgestellt.

Auch in anderen Gegenden der Westschweiz sind Verstorbene in Steinkistengräbern zur letzten Ruhe gebettet worden. Derartige Grabstätten kennt man aus

Fully (Ville-de-Gru), Grimisuat-Chaplan, Saillon-La Crettaz im Wallis und aus Aigle (Plan d'Essert), Ollon und Yvorne (La George) im Kanton Waadt. In diesen Steinkistengräbern wurden die Toten meistens in gestreckter Rückenlage beigesetzt.

Außer Steinkistengräbern legte man aber auch Gräber ohne Steineinfassung an, so in Ayent (Les Places[12]), Colombey-Muraz (Barmaz I[13]), Conthey (Erde[14]), Conthey (Sensine[15]), Raron (Heidnischbühl[16]), Siders (Crête-Plane[17]) im Wallis sowie in Ollon (Le Lessus[18]) im Kanton Waadt.

Im zerstörten Gräberfeld von Ayent waren zahlreiche bronzene Waffen und Schmuckstücke zum Vorschein gekommen. Der Friedhof von Colombey-Muraz umfasste neun Gräber, der von Conthey (Sensine) zehn. Auf dem Heidnischbühl bei Raron ist ein Neugeborenes in Rückenlage mit leicht gebeugten Knien bestattet worden. Seinen Schädel hatte eine Steinplatte von 20 mal 15 Zentimeter Größe zerdrückt. In Siders wurden mehrere Gräber zerstört. Der Friedhof von Ollon gehörte zu einer Siedlung auf dem Hügel von Lessus.

Die Toten wurden zusammen mit Waffen und Schmuck bestattet. Das läßt sich eindrucksvoll an dem erwähnten Krieger aus der Totenstätte von Sitten-Petit Chasseur nachvollziehen, bei dem sogar die Kleidung rekonstruiert werden konnte. Aber auch in anderen Gräbern wurden mancherlei Beigaben geborgen. So lag in einem Grab von Massongex (Chambovey) im Kanton Wallis ein Bronzedolch auf der Brust des Toten.

Besonders reich ausgestattete Gräber lieferten Anhaltspunkte für erhebliche gesellschaftliche Unterschiede. Wegen der ungewöhnlichen Ausstattung wird
das Grab 1 von Thun-Renzenbühl[19] im Kanton Bern
als »Fürstengrab« gedeutet. Es handelt sich hierbei um
ein drei mal 1,50 Meter großes Grab, in dem die Skelettreste eines Mannes lagen. Diesen Toten hatte man
mit sechs Ösenhalsringen sowie dem erwähnten kostbaren Randleistenbeil mit Goldnägeln und einem
Vollgriffdolch ausgestattet. Seine Garderobe vervollständigten zwei bronzene Nadeln, ein Gürtelhaken und
ein Kopfband.

Zum Grabritus gehörten vermutlich Opfergaben, wie
Knochen von Haustieren (Schafe, Rinder, Schweine) in
Tongefäßen bezeugen. Solche Fleischopfer wurden im
Großsteingrab MXI der Totenstätte von Sitten-Petit
Chasseur nachgewiesen. Ob das Fleisch als Proviant des
Toten für das Jenseits oder für die Götter bestimmt war,
weiß man nicht.

Unbekannt ist auch der Zweck von vielen Depots in
der Westschweiz. Sie bestehen häufig aus zwei Beilen,
manchmal aus Beilen und Vollgriffdolchen und in anderen Fällen aus Ösenhalsringen. Bei den einfach
wirkenden Neyruz-Beilen könnte es sich um Rohbarren handeln, aber auch um aus religiösen Motiven erfolgte Weihegaben. Als ein solches Opfer wird beispielsweise das aus drei Ösenhalsringen bestehende
Depot von Enney-Mont Afflon im Kanton Freiburg
betrachtet, das im Saanetal auf dem Gipfel einer Erhebung gefunden wurde.

alterlicher oder neuzeitlicher Milchkeller, der über älteren Gräbern errichtet wurde. Tatsächlich aus der Frühbronzezeit stammen nur ein Steinkistengrab mit fünf Beisetzungen und weitere Bestattungen ohne Beigaben.

Bei den Bestattungen aus dem zerstörten Steinkistengrab von Donath handelt es sich um die Gräber von zwei Kindern, zwei Erwachsenen sowie um das Einzelgrab eines Erwachsenen. Die Doppelbestattung der beiden Erwachsenen wird von manchen Autoren damit erklärt, dass hier ein Mensch auf natürliche Weise gestorben ist, während der andere getötet wurde und ihm ins Grab folgen musste.

# Anmerkungen

Die Frühbronzezeit in der Schweiz
1] Die Zusammenstellung dieser Übersicht über die Verbreitung und Zeitdauer von Kulturen der Frühbronzezeit entstand mit Hilfe der deutschen Prähistorikerin Gretel Callesen (früher Gallay) aus Nidderau (Hessen), des beim Archäologischen Dienst des Kantons Bern arbeitenden deutschen Prähistorikers Albert Hafner und des schweizerischen Prähistorikers Jürg Rageth vom Archäologischen Dienst Graubünden, Haldenstein.

Die Rhône-Kultur
1] Der Begriff Walliser Kultur wurde 1927 von dem deutschen Prähistoriker Georg Kraft (1894–1944 aus Freiburg/Breisgau vorgeschlagen.
2] Der Ausdruck Civilisation rhodanienne wurde 1964 von dem Lehrer und Prähistoriker Jean Olivier Bocksberger (1925–1970) aus Sitten geprägt.
3] Der Zürcher Prähistoriker Emil Vogt (1906–1974) hat 1971 eine Unterteilung der Frühbronzezeit in eine alpine Gruppe und in eine Mittellandgruppe vorgeschlagen. Vogt war von 1961 bis 1971 Direktor des Schweizerischen Landesmuseums, Zürich.
4] 1854 wurde bei Morges von dem Prähistoriker Frédéric Louis Troyon (1815–1866) aus Lausanne sowie dem Geologen und Archäologen Karl Adolph von

Morlot (1820–1867) aus Lausanne eine große Station (»la Grande Cité« genannt) entdeckt.

5] 1951 fiel dem Anthropologen und Kantonsarchäologen Marc-Rodolphe Sauter (1914–1983) aus Genf bei einem Ausflug auf dem Hügel Heidnischbühl bei Raron ein Erdschnitt aus der Zeit der Mobilmachung auf, in dem sich urgeschichtliche Feuerstellen und Tonscherben befanden. Vom 14. August bis zum 6. September 1960 und vom 8. Juli bis zum 9. August 1961 wurden dort Ausgrabungen vorgenommen.

6] Die Fundstelle Sembrancher (Crettaz-Polet) wurde von 1983 bis 1986 vom Département d'Anthropologie der Universität Genf untersucht.

7] Die Entdeckungsgeschichte der Fundstelle Saint-Léonard (Sur-le-Grand-Pré) begann damit, dass der Tischler Georg Wolf aus Sitten 1956 im Abraum eines Quarzit-Steinbruches zahlreiche Tonscherben und Knochenreste fand und die zuständige Behörde davon informierte. 1957 bis 1959 grub Marc-Rodolphe Sauter (s. Anm. 5) dort.

8] Die Beile aus Neyruz wurden 1895 unter einem Findling entdeckt, ein Jahr später kam etwa 300 Meter davon entfernt unter einem Hügel ein Steinkistengrab zum Vorschein.

9] Das Depot bei Sigriswil-Ringoldswil wurde im Sommer 1841 auf einer Wiese nach dem Sprengen auf dem Absatz eines hausgroßen Felsblockes etwa 60 Zentimeter unter der Erde gefunden. Als Entdecker gilt ein Bergwerksinspektor namens Beckh. Der Fund wurde in einem Brief des Landammanns und Geschichtsforschers Carl Friedrich Ludwig Lohner (1786–1863) vom 7. Oktober 1841 an den Zürcher Prähistoriker Ferdinand Keller (1800–1881) erstmals erwähnt. Keller hat 1832 die Antiquarische Gesellschaft in Zürich gegründet.

10] Das Grab eines vermutlich bedeutenden Mannes von Thun-Renzenbühl wurde 1829 entdeckt.

11] Die Gräber im Wilerhölzli von Thun-Wiler wurden 1920, 1931 und 1933 von dem Lehrer Franz Henri Wuillemin (1879–1956) aus Almendingen/Thun aufgespürt.

12] In Ayent (Les Places) wurde im 19. Jahrhundert ein großes Gräberfeld zerstört.

13] Die Entdeckungsgeschichte des Fundortes Colombey-Muraz (Barmaz I) begann vor 1900, als beim Abbau des Granits mehrere Gräber freigelegt wurden. Weitere Ausgrabungen erfolgten 1900 und im März 1947. Von 1947 bis 1955 grub Marc-Rodolphe Sauter (Anm. 5) immer wieder dort.

14] In Conthey (Erde) wurden 1896 mehrere Gräber zerstört.

15] Die Gräber von Conthey (Sensine) wurden vor 1910 entdeckt.

16] s. Anm. 5

17] In Siders (Crête-Plane) wurden 1899 mehrere Gräberzerstört.

18] Die ersten Funde aus Ollon (Le Lessus) kamen bei Arbeiten in einem Steinbruch zum Vorschein, in dem schwarzer Kalkstein des Hügels von Lessus abgebaut wurde. 1899 nahm der Architekt und Prähistoriker Albert Naef (1862–1934) aus Lausanne Ausgrabungen vor. Während der Jahrzehnte um 1900 trug der damalige Steinbruchbesitzer Pousaz-Gaud Funde zusammen. Zwischen 1958 und 1960 grub Olivier-Jean Bocksberger (s. Anm. 2) dort, 1972 die Abteilung für Denkmalschutz und Archäologie des Kantons Waadt unter Leitung des Prähistorikers Denis Weidmann und 1979 der Prähistoriker Gilbert Kaenel aus Lausanne. Auf dem Hügel von Lessus und auf dem benachbarten Hügel von Ollon (Charpigny) wurden Gräber aus der Früh-, Mittel- und Spätbronzezeit gefunden.

19) s. Anm. 10

20] Die Menhire von Lutry wurden im Herbst 1984 beim Bau einer unterirdischen Parkgarage außerhalb der Stadt unter meterhohen Ablagerungen entdeckt.

# *Literatur*

Die Frühbronzezeit in der Schweiz
BILL, Jakob: Beiträge zur Frühbronzeforschung in der Schweiz. Zeitschrift für Archäologie und Kunstgeschichte, Jahrgang 33, Heft 2, S. 77–93, Zürich 1976
HAAS, Susanne: Die Bronzezeit in der Schweiz. Aus: SCHMID, Elisabeth / HAAS, Susanne: Urgeschichte Europas. Museum für Völkerkunde und Schweizerisches Museum für Volkskunde Basel, S. 64–73, Basel 1984
HANTKE, René: Die Bronzezeit in der Schweiz. Aus: Eiszeitalter. Die jüngste Erdgeschichte der Schweiz und ihrer Nachbargebiete, S. 240–253, Thun 1978
HEIERLI, Jakob: Urgeschichte der Schweiz, Zürich 1901
HOCHULI, Stefan: Die frühe und mittlere Bronzezeit im Kanton Zug. Tugium, Jahrbuch des Staatsarchivs des Kantons Zug, des Amtes für Denkmalpflege und Archäologie, des Kantonalen Museums für Urgeschichte Zug und des Museums in der Burg Zug, S. 74–96, Zug 1995
LICHARDUS-ITTEN, Marion: Die frühe und mittlere Bronzezeit im alpinen Raum. Aus: Ur- und frühgeschichtliche Archäologie der Schweiz, Band 3, Die Bronzezeit, S. 41–54, Basel 1971
OSTERWALDER, Christin / ZAUGG, Marc: Fundort Schweiz. Band 2. Von den ersten Bronzegießern zu den Helvetiern, Solothurn 1981

STRAHM, Christian: Die Frühbronzezeit: Der Beginn der Metallzeiten. Aus: Die Frühe Bronzezeit zwischen Aare und Rhone. Ausstellungskatalog, S. 1–14, Biel 1995
TSCHUMI, Otto: Urgeschichte der Schweiz, Frauenfeld 1949
VOGT, Emil: Die Bronzezeit der Schweiz im Überblick. Aus: DRACK, Walter (Herausgeber): Die Bronzezeit der Schweiz. Repertorium der Ur- und Frühgeschichte der Schweiz, S. 1–3, Zürich 1956

Die Rhône-Kultur
BILL, Jakob: Die Glockenbecherkultur und die frühe Bronzezeit im französischen Rhônebecken und ihre Beziehungen zur Südwestschweiz. Antiqua, Band 12, Basel 1973
BOCKSBERGER, Olivier-Jean: Age du Bronze en Valais et dans le Chablais vaudois, Lausanne 1964
GALLAY, Alain: Dans les alpes à l'aube du métal, archéologie et bande dessinée, Musées du Valais, Sitten 1995
GALLAY, Alain / PUGIN, Christiane: Le gorgerin Bronze ancien die Sierre-Piney (Valais). Archäologie der Schweiz, Band 6, Heft 2, S. 41–45, Basel 1983
GALLAY, Gretel / GALLAY, Alain: Le Jura et la séquence Néolithique récent – Bronze ancien. Archives Suisses d'Anthropologie générale, Band 33, S. 1–84, Genf 1968
GALLAY, Gretel / GALLAY, Alain: Die älterbronzezeitlichen Funde von Morges/Roseaux. Jahrbuch der Schweizerischen Gesellschaft für Ur- und Früh-

geschichte, Band 57, S. 85–113, Basel 1972/73.

GALLAY, Gretel / SPINDLER, Konrad: Le Petit Chasseur – chronologische und kulturelle Probleme. Helvetia Archaeologica, Jahrgang 3, Heft 10/11, S. 62–89, Zürich 1972

GRÜTTER, Hans: Neue Grabfunde der frühen Bronzezeit aus dem Thunerseegebiet. Archäologie der Schweiz, Band 3, Heft 2, S. 82–88, Basel 1980

HAFNER, Albert: Die Frühe Bronzezeit der Westschweiz. Befunde und Funde aus Siedlungen, Gräbern und Horten der entwickelten Frühbronzezeit. Seeufersiedlungen am Bielersee, Band 5, Bern 1995

HAFNER, Albert: Die frühe Bronzezeit der Westschweiz. Aus: Die Frühe Bronzezeit zwischen Aare und Rhone. Ausstellungskatalog, S. 14–40, Biel 1995

HAFNER, Albert: Die Frühe Bronzezeit im westschweizerischen Mittelland, im Berner Oberland und im Wallis. Aus: Die Schweiz vom Paläolithikum bis zum frühen Mittelalter, Band 3. Die Bronzezeit, Basel 1997

HAUSER-FISCHER, Claire: Die Steinreihen von Sion, Yverdon und Lutry. Aus: HÖNEISEN, Markus (Herausgeber): Die ersten Bauern. Pfahlbaufunde Europas, Band 1, S. 139–144, Zürich 1990

HEIERLI, Jakob / OECHSLI, Wilhelm: Urgeschichte des Wallis, Zürich 1896

KIMMIG, Wolfgang: Georg Kraft (1894–1944). Badische Fundberichte, 17. Jahrgang / 1941–1947, S. 17–22, Freiburg/Breisgau 1948

KRAFT, Georg: Die Stellung der Schweiz innerhalb der
bronzezeitlichen Kulturgruppen Mitteleuropas. Anzeiger für schweizerische Altertumskunde, Band 29, S. 1–16, 74–90, 37–148, 209–216 und Band 30, 1–17, 78–89, Zürich 1927/28

MASSEREY, Catherine: Un monument mégalithique sur les rives du Léman. Archäologie der Schweiz, Band 8, Heft 1, S. 2–7, Basel 1985

ROHRER-WERMUS, Eliane / MASSEREY, Catherine: Die Bronzezeit. Aus: GALLAY, Alain / KAENEL, Gilbert / WIBLÉ, François: Das Wallis vor der Geschichte, S. 93–101, Sitten 1986

RYCHNER, Valentin: L'aêge du Bronze et le 1er aêge du Fera dans le canton le Neuchatel. Helvetia Archaeologica, Jahrgang 11, Heft 43/44, S. 117–138, Zürich 1980

STRAHM, Christian: Renzenbühl und Ringoldswil. Die Fundgeschichte zweier frühbronzezeitlicher Komplexe. Jahrbuch des Bernischen Historischen Museums in Bern, Band 48, S. 321–371, Bern 1968

STRAHM, Christian: Das Beil von Thun-Renzenbühl. Helvetia Archaeologica, Jahrgang 3, Heft 12, S. 99–112, Zürich 1972

STRAHM, Christian: Der Übergang vom Spätneolithikum zur Frühbronzezeit in der Schweiz. Preistoria Alpina, Band 10, S. 21–42, Trento 1974

TSCHUMI, Otto: Das bronzezeitliche Gräberfeld von Allmendingen-Thun (Wilerhölzli). 1920–1933. Jahrbuch des Historischen Museums in Bern, Jahrgang 13, S. 84–86, Bern 1933.

TSCHUMI, Otto: Urgeschichte des Kantons Bern, Bern 1953

VERHOEVEN, Peter / SUTER, Peter J. / FRANCUZ, John: Erlach-Heidenweg 1992. Herstellung und Datierung des (früh)bronzezeitlichen Einbaumes. Archäologie im Kanton Bern. Fundberichte und Aufsätze, Band 3 B, S. 313– 329, Bern 1994

VIOLLIER, David: Un groupe de tutuli hallstattiensis. A propos des plaques ajourées avec cercles concentriques mobiles. Anzeiger für Schweizerische Altertumskunde, Band 12, S. 257–265, Zürich 1910

VOGT, Emil: Die Gliederung der schweizerischen Frühbronzezeit. Festschrift für Otto Tschumi, S. 53–69, Frauenfeld 1948

WINIGER, Josef: Die prähistorische Besiedlungsstruktur der Bielerseelandschaft. Aus: HÖNEISEN, Markus (Herausgeber): Die ersten Bauern. Pfahlbaufunde Europas, Band 1, S. 297–306, Zürich 1990

# Bildquellen

Klaus Benz, Fotograf, Mainz-Laubenheim: 65
Friederike Hilscher-Ehlert, Königswinter: 63
Reproduktionen von Fotos aus dem Buch
»Deutschland in der Bronzezeit« (1996) von Ernst
Probst: 35(Kantonales Museum für Archäologie,
Sitten, Foto: Photostudio: Heinz Preissig, Sitten),
18 (Professor Dr. Christian Strahm, Albert-Ludwigs-
Universität, Freiburg/Breisgau)
Reproduktion einer Karte aus dem Buch
»Deutschland in der Bronzezeit« (1996) von Ernst
Probst: 20 (Rainer Veit, Mainz, nach Albert Hafner:
Die Frühe Bronzezeit in der Westschweiz. Befunde
und Funde aus Siedlungen, Gräbern und Horten der
entwickelten Frühbronzezeit. Seeufersiedlungen am
Bieler See, Band 5, Bern 1995)
Reproduktion einer Zeichnung von Fritz Wendler
(1941–1995) für das Buch »Deutschland in der
Steinzeit« (1996) von Ernst Probst: 45
Reproduktionen von Zeichnungen aus dem Buch
„Deutschland in der Bronzezeit« (1996) von Ernst
Probst: (Bernisches Historisches Museum),
9 (Reproduktion aus Jorn Street-Jensen: Christian
Jürgensen Thomsen und Ludwig Lindenschmit: Eine
Gelehrtenkorrespondenz aus der Frühzeit der
Altertumskunde (1853–1964), Mainz 1985)
Zeichnungen von Friederike Hilscher-Ehlert für das
Buch »Deutschland in der Bronzezeit« (1996) von
Ernst Probst: 1, 15, 25

# Die wissenschaftliche Graphikerin
# Friederike Hilscher-Ehlert

Friederike Hilscher-Ehlert wurde am 13. Dezember 1946 in Hamburg geboren. Sie absolvierte eine Ausbildung sowie ein Studium in den Fächern Kostümbild und Bühnenbild. Danach war sie mehrere Jahre lang an der Bühne tätig. Auf dem zweiten Berufsweg wurde sie wissenschaftliche Graphikerin mit dem Schwerpunkt Archäologie und arbeitete am Rheinischen Landesmuseum Bonn. Ihre Fachgebiete waren Restaurierung, Archäo-Botanik, Wissenschafts-Publikationen, Amtshilfe bei externen Projekten und Ausstellungskonzeption. Mit Lebensbildern von Menschen aus vergangenen Zeiten machte sie sich bereits einen Namen, als solche Kunstwerke in ihrer Heimat noch Seltenheiten waren. Das erste Buch, in dem Zeichnungen von Friederike Hilscher-Ehlert abgebildet wurden, heißt »Report aus der Römerzeit« (1989). In den frühen 1990-er Jahren schuf sie zahlreiche Lebensbilder für das Buch »Deutschland in der Bronzezeit« (1996) des Wiesbadener Wissenschaftsautors Ernst Probst. Großformatige Lebensbilder aus ihrer Hand schmücken die Werke »Die Römer« (1999), »Die Steinzeitler« (2003), »Die Kelten" (2003) und »Die Franken« (2003) in der vom Rheinischen Landesmuseum Bonn herausgegebenen Reihe »Lebendige Vergangenheit«. Im Geleitwort schrieb Professor Dr. Hans-Eckart Joachim: »Die Zeichnerin Friederike Hilscher-Ehlert verbindet wissenschaftlich abgesicherte, akribische Prägnanz mit virtuosem unverkennbaren Personalstil, der der Phantasie und Entdeckerfreude Raum lässt. So entstehen Bilder, in denen uns Menschen und Menschengemachtes der Vergangenheit entgegentreten, längst verwischte Spuren sichtbar werden.« Zeichnungen von ihr erschienen außer in Büchern auch in wissenschaftlichen Zeitschriften und man sah sie in Ausstellungen von Museen oder auf zahlreichen farbprächtigen Ansichtskarten. Friederike Hilscher-Ehlert betont: »Archäologische Illustration ist heute in keinem Museum und in keiner fundierten Fachpublikation mehr entbehrlich. Es ist mir eine Freude Wegbereiterin dieser Art Graphik in Deutschland gewesen zu sein.«

# Der Autor Ernst Probst

Ernst Probst, geboren am 20. Januar 1946 in Neunburg vorm Wald im bayerischen Regierungsbezirk Oberpfalz, ist Journalist und Wissenschaftsautor. Er arbeitete von 1968 bis 1971 als Redakteur bei den »Nürnberger Nachrichten«, von 1971 bis 1973 in der Zentralredaktion des »Ring Nordbayerischer Tageszeitungen« in Bayreuth und von 1973 bis 2001 bei der »Allgemeinen Zeitung«, Mainz. In seiner Freizeit schrieb er Artikel für die »Frankfurter Allgemeine Zeitung«, »Süddeutsche Zeitung«, »Die Welt«, »Frankfurter Rundschau«, »Neue Zürcher Zeitung«, »Tages-Anzeiger«, Zürich, »Salzburger Nachrichten«, »Die Zeit«, »Rheinischer Merkur«, »Deutsches Allgemeines Sonntagsblatt«, »bild der wissenschaft«, »kosmos«, »Deutsche Presse-Agentur« (dpa), »Associated Press« (AP) und den

»Deutschen Forschungsdienst« (df). Aus seiner Feder stammen die Bücher »Deutschland in der Urzeit« (1986), »Deutschland in der Steinzeit« (1991), »Rekorde der Urzeit« (1992), »Dinosaurier in Deutschland« (1993 zusammen mit Raymund Windolf) und »Deutschland in der Bronzezeit« (1996). Von 2001 bis 2006 betätigte sich Ernst Probst als Buchverleger sowie zeitweise als internationaler Fossilienhändler und Antiquitäten-händler. Insgesamt veröffentlichte er mehr als 100 Bücher, Taschenbücher, Broschüren und E-Books.

# Bücher von Ernst Probst

Affenmenschen
Von Bigfoot bis zum Yeti

Annie Oakley
Die Meisterschützin des Wilden Westens

*Archaeopteryx*. Der Urvogel aus Bayern

Christl-Marie Schultes. Die erste Fliegerin in Bayern
(zusammen mit Theo Lederer)

Cortés und Malinche. Der spanische Eroberer
und seine indianische Geliebte

Das Dinotherium-Museum Eppelsheim
Führer durch die Ausstellung
(zusammen mit Dr. Jens Lorenz Franzen
und Heiner Roos)

Der Europäische Jaguar

Der Mosbacher Löwe
Die riesige Raubkatze aus Wiesbaden

Der Rhein-Elefant
Das Schreckenstier von Eppelsheim

Der Schwarze Peter
Ein Räuber im Hunsrück und Odenwald

Der Ur-Rhein
Rheinhessen vor zehn Millionen Jahren

Deutschland im Eiszeitalter

Deutschland in der Frühbronzezeit

Deutschland in der Mittelbronzezeit

Deutschland in der Spätbronzezeit

Die Schweiz in der Frühbronzezeit

Die Schweiz in der Mittelbronzezeit

Die Schweiz in der Spätbronzezeit

Österreich in der Frühbronzezeit

Österreich in der Mittelbronzezeit

Österreich in der Spätbronzezeit

Die Dolchzahnkatze *Megantereon*

Die Bronzezeit

Die Rhône-Kultur in der Westschweiz

Die Arbon-Kultur in der Schweiz

Die Aunjetitzer Kultur in Deutschland

Die Aunjetitzer Kultur in Österreich

Die Straubinger Kultur in Deutschland

Die Straubinger Kultur in Österreich

Die Adlerberg-Kultur

Die nordische Bronzezeit in Deutschland

Die Hügelgräber-Kultur in Deutschland

Die Lüneburger Gruppe in der Bronzezeit

Die nordische Bronzezeit in Deutschland

Die Stader Gruppe in der Bronzezeit

Die Urnenfelder-Kultur in Deutschland

Die Urnenfelder-Kultur in Österreich

Die Lausitzer Kultur in Deutschland

Die Dolchzahnkatze *Smilodon*

Die Säbelzahnkatze *Machairodus*

Die Säbelzahnkatze *Homotherium*

Dinosaurier in Deutschland. Vom *Efraasia*
bis zu *Sellosaurus*

Dinosaurier von A bis K. Von *Abelisaurus*
bis zu *Kritosaurus*

Dinosaurier von L bis Z. Von *Labocania*
bis zu *Zupaysaurus*

Eiszeitliche Geparde in Deutschland

Eiszeitliche Leoparden in Deutschland

Frauen im Weltall

Höhlenlöwen. Raubkatzen im Eiszeitalter

Johann Jakob Kaup
Der große Naturforscher aus Darmstadt

Julchen Blasius. Die Räuberbraut des Schinderhannes

Königinnen der Lüfte in Deutschland

Königinnen der Lüfte in England, Australien
und Neuseeland

Königinnen der Lüfte in Frankreich

Königinnen der Lüfte in Europa

Königinnen der Lüfte in Amerika

Königinnen der Lüfte von A bis Z

Königinnen des Tanzes

Malende Superfrauen

Meine Worte sind wie die Sterne
Die Entstehung der Rede des Häuptlings Seattle
(zusammen mit Sonja Probst)

Monstern auf der Spur
Wie die Sagen über Drachen, Riesen
und Einhörner entstanden

Pompadour und Dubarry. Die Mätressen
von Louis XV.

Raub-Dinosaurier von A bis Z.
Mit Zeichnungen von Dmitry Bogdanav
und Nobu Tamura

Superfrauen 8 – Literatur

Superfrauen 9 – Malerei und Fotografie

Superfrauen 10 – Musik und Tanz

Superfrauen 11 – Feminismus und Familie

Superfrauen 12 – Sport

Superfrauen 13 – Mode und Kosmetik

Superfrauen 14 – Medien und Astrologie

Tony und Bruno Werntgen. Zwei Leben
für die Luftfahrt (zusammen mit Paul Wirtz)

Zenobia von Palmyra. Eine Frau kämpft
gegen die Römer

Bestellungen bei: http://www.grin.com